W. LAPIERRE

LES FINANCES
OPPORTUNISTES

« *Hominibus consulere debes
et servire humanæ societati.* »

(On doit conseiller ses semblables
et se rendre utite à la société.)
CICERON,

LANGRES

IMPRIMERIE LEPITRE-RIGOLLOT
Rue du Petit-Cloître, 14
—
1893

LES FINANCES OPPORTUNISTES

W. LAPIERRE

LES FINANCES
OPPORTUNISTES

> *« Hominibus consulere debes*
> *et servire humanæ societati. »*
>
> (On doit conseiller ses semblables
> et se rendre utile à la société.)
> CICERON.

LANGRES

IMPRIMERIE LEPITRE-RIGOLLOT
Rue du Petit-Cloître, 14

—

1893

LES FINANCES OPPORTUNISTES

Les questions financières excitent peu, d'habitude, la curiosité du public; elles offrent cependant des sujets d'étude dont on peut tirer les meilleurs enseignements. C'est le cas actuel.

Si l'argent est le nerf de la guerre, il est aussi l'âme de la paix.

Personne n'ignore à quel péril s'expose une nation appauvrie, car, étant donné que la valeur personnelle du combattant doit céder devant la supériorité de l'armement, cette nation sera nécessairement obligée de s'incliner devant les exigences d'ennemis plus riches qu'elle. Ce danger est d'autant plus redoutable que les perfectionnements et les transformations à apporter sans cesse au matériel de guerre lui imposent chaque jour des sacrifices pécuniaires plus considérables.

On peut voir, de nos jours, les budgets européens ployer littéralement sous le fardeau de l'armement à outrance, au grand détriment des populations.

Au point de vue économique, aucun gouvernement ne saurait jouir d'une tranquillité parfaite, sans une bonne administration, assurant au peuple le bien-être en même temps que la sécurité.

Tout le monde a présent à la mémoire avec quel patriotisme,

avec quel empressement, s'effectua la libération du territoire : l'argent affluait ; dix-huit années d'un régime démocratique et autoritaire avaient donné à la France une prospérité inouïe, au point que notre généreux pays ne se ressentit aucunement des cinq milliards de rançon, ni des dix autres milliards et demi qu'il fournit ensuite, pour solder les frais de la guerre et de la Commune. Ainsi fut déjoué, grâce à notre extrême vitalité, le plan de la Prusse qui voulait notre ruine complète.

— « Le crédit de la France, a dit un financier républicain, M. Amagat, n'avait pas à être relevé. Il s'appuyait sur la richesse du pays et sur sa probité. Mais il fallait trouver les ressources nécessaires pour faire face aux intérêts des emprunts, à la reconstitution de notre matériel de guerre, et, en général, aux dépenses nouvelles que nous imposait le soin de notre relèvement.

« Ce ne fut ni l'œuvre d'un homme, ni l'œuvre d'un parti ; ce fut l'œuvre de tous. C'est ainsi, qu'à l'heure du péril national, tous les Français se rencontrent au service de la Patrie. » —

L'Assemblée Nationale, avec un ardent patriotisme, entreprit de relever la France, un instant abattue, et de lui donner de nouvelles forces. Le but fut atteint, malgré les difficultés et les discordes civiles ; et son œuvre financière, digne des plus grands éloges, lui valut la reconnaissance du pays tout entier (1).

En 1877, commence la gestion opportuno-républicaine, si féconde en mécomptes budgétaires et si sujette aux critiques de tous les partis, de gauche comme de droite.

Nous écartons toute polémique ; notre but est uniquement

---

(1). « Il y a beaucoup de choses qu'on peut contester, mais il y en a une qui est certaine : c'est que l'Assemblée Nationale a largement contribué a rétablir les finances de la France ; quel que soit le sentiment politique auquel on obéisse, on n'arrivera pas à réfuter mon assertion. »

Discours de *M. de la Martinière*. — Séance de la Chambre des députés du 10 Juillet 1893.

d'éclairer les électeurs sur une situation déplorable, en leur laissant le soin de comparer et de juger le présent et le passé, et, au besoin, de recourir aux documents officiels où nous avons puisé les renseignements qui font l'objet de cette étude.

Les opportunistes sont la cause primordiale de tous les maux de la situation présente. Ils nous ont donné, au mépris de leurs belles promesses, une république à rebours, c'est-à-dire une république anti-démocratique.

Nous sommes en pleine oligarchie. La France est coupée en deux : d'un côté, les opportunistes, nos seigneurs et maîtres ; de l'autre, des gens traités en parias.

L'opportunisme, c'est la négation absolue des droits démocratiques, pour la conquête desquels nos pères ont combattu pendant des siècles ; c'est l'ennemi le plus redoutable du peuple : il s'en est habilement servi — en frappant sur le dos de l'Empire et du Cléricalisme — pour mieux perpétrer ses méfaits par la ruse, le mensonge et la calomnie, ses armes favorites.

Le pays en a fait une cruelle expérience ; il est désormais fixé, et, comme le dit un proverbe : « l'expérience est le meilleur maître parce qu'avec lui on ne discute jamais. »

Mais voyons en quel état ces soi-disant libéraux ont mis les finances de la France ; jetons un coup d'œil rapide sur tant de millions dispersés dans les arcanes du budget.

La dette nationale était :

En 1869, de **13 milliards 400 millions** ;

En 1891, de **31 milliards 600 millions**.

Sans s'arrêter à ce qu'elle pourra être en 1892 et en 1893 — quoique déjà on suppute qu'un emprunt d'au moins un milliard serait nécessaire pour combler les vides dans nos finances — on peut constater que la dette a subi, en 22 ans, une augmentation de :

18 milliards 200 millions

se décomposant ainsi :

Dette consolidée :

Emprunts en rentes perpétuelles 3 0/0 et
4 1/2 0/0 . . . .   10.255.000.000 fr. »»

Dette flottante :

1° Emprunts en rente3 0/0 amortissable.   4.035.000.000 fr. »»

2° Obligations du Trésor remboursables
à terme, avances de la Banque de France
et de divers, créances des communes et
établissements publics et autres, etc. . .   3.910.000.000 fr. »»

Somme égale   18.200.000.000 fr. »»

De 1870 à 1891, les amortissements se
sont élevés à 3 milliards 480 millions. Mais,
il importe de retenir que, dans la majorité
des cas, c'est avec des fonds d'emprunt
qu'on a remboursé des dettes exigibles à
terme, ce qui ne saurait être compté comme
amortissement.

— « Il faut, dit M. Camille Fouquet, (1)
que les fonds destinés à éteindre tout ou
partie de la dette proviennent des ressources
du budget ordinaire pour qu'on puisse
prétendre qu'il y a amortissement. » —

On ne saurait mieux dire.

A l'augmentation ci-dessus, il faut ajouter
néanmoins le chiffre qui vient d'être donné
pour avoir l'ensemble de la dette à mettre
en regard des dépenses extraordinaires
auxquelles on les applique, soit . . . .   3.480.000.000 fr. »»

Ce qui porte le total des sommes em-
pruntées à . . . .   21.680.000.000 fr. »»

qu'on répartit ainsi :

(1) Camille Fouquet, député, auteur d'un remarquable travail sur la dette de
l'Etat.

Report. . 21.680.000.000 fr. »»

Dépenses anté-
rieures à 1870 . . . 808.000.000 fr. »»
Dépenses de la
Guerre et charges
occasionnées par la
Commune . . . 8.400.000.000 fr. »»
Dépenses de re-
construction du ma-
tériel militaire et
naval . . . . . 3.100.000.000 fr. »»

Total à déduire 12.308.000.000 fr. »» ci 12.308.000.000 fr. »»

Reste 9.372.000.000 fr. »»

somme qu'on affecte à des dépenses extraordinaires de travaux publics, de l'instruction publique et autres, savoir :
Travaux publics 5.615.000.000 fr. »»
Instruction pu-
blique. . . . . 556.000.000 fr. »»
Agriculture, Co-
lonies, etc . . . 419.000.000 fr. »»
Dotation à la
caisse des retraites 351.000.000 fr. »»
Majoration des
emprunts et autres
dépenses. . . . 2.431.000.000 fr. »» 9.372.000.000 fr. »»

Balance » »

Ces neuf milliards trois cent soixante-douze millions (**tous frais de guerre et de reconstitution de matériel payés**) représentent, en 15 années de gestion opportuniste, une augmentation moyenne de la dette nationale de 624 millions 800 mille francs par an.

Dans les chiffres qui précèdent ne figurent pas les dettes départementales et communales, dont les charges pèsent également sur le contribuable.

Jusqu'en 1876, dernière année de la gestion conservatrice, la dette des départements et des communes n'excédait pas 2 milliards 900 millions, dont 757 millions pour les communes seulement (Paris excepté).

En 1891, elle atteignait le chiffre respectable de **trois milliards sept cent quarante-neuf millions,**

Savoir :

Dettes des communes	1.352.000.000 fr. »»
Dette de la Ville de Paris.	1.872.000.000 fr. »»
Dettes des départements	525.000.000 fr. »»
Total égal	3.749.000.000 fr. »»

En y ajoutant la dette de l'Etat au 31 décembre 1891 . . . . 31.660.000.000 fr. »»

On arrive au chiffre de . . . . 35.409.000.000 fr. »»

(Trente-cinq milliards quatre cent neuf millions)

Comme on le voit, Paris, à lui seul, entre dans la dette générale pour 1 milliard 872 millions. Depuis l'Empire, qui avait laissé une situation financière exceptionnelle, le budget a triplé, la dette a doublé, les charges par habitant ont augmenté considérablement et les moyens de ressources ont diminué.

Il résulte de tout ceci que, de 1877 à 1891, — dernière année dont les résultats définitifs soient connus — nos gouvernants opportunistes ont grossi la dette publique de 9 milliards 372 millions et celle des départements et des communes

de . . . . 849 millions

dont **595 millions** pour les communes (Paris excepté)

soit, ensemble, de . . . . 10 milliards 221 millions

Tous ces milliards, remarquez le bien, sont absorbés en pleine paix, sans motifs, sans raisons. Au lieu de songer aux économies, à l'amortissement, de diminuer les impôts dont le pauvre peuple est accablé, nos maîtres opportunistes créent de nouvelles charges et augmentent démesurément la dette. Ils ne se soucient même pas des conseils économiques qui leur sont fréquemment donnés par des républicains honnêtes et convaincus. « On marche, disait en 1889 M. Camille Pelletan, on marche actuellement les yeux fermés, (et fermés volontairement), à un gouffre sans fond. *C'est la ruine certaine.* Et que serait la ruine au moment d'une guerre ? » Ces paroles si sages, si patriotiques, sont toujours vraies.

On assure que Néron, en apprenant qu'il était condamné à mort comme ennemi public, s'écria en pleurant : « Quel artiste le monde va perdre ! »

Les opportunistes que, bientôt, il faut l'espérer, le suffrage universel va rendre à la vie privée, pourront s'écrier avec le sourire des satisfaits : « Quels farceurs la France va perdre ! »

Passons maintenant aux budgets, en ne retenant que les dépenses de l'Etat, c'est-à-dire en excluant les dépenses départementales et communales dont nous nous occuperons plus loin.

Le budget de 1869 (le dernier budget
de l'Empire), était de. . . . . . . 1 milliard 879 millions
Le budget de 1876, de. . . . . . 2 milliards 680 millions
En plus pour 1876 . . . . 801 millions

Cette augmentation s'explique, notamment, par l'accroissement des intérêts et arrérages de rentes résultant des emprunts contractés pour solder les dépenses de la guerre de 1870-1871.

Mais rappelons que le gouvernement conservateur avait fait face aux dépenses qu'exprime le chiffre ci-
dessus de . . . . 2 milliards 680 millions
avec . . . . 2 milliards 778 millions
de recettes

ce qui permit aux ministres de cette
époque, en quittant le pouvoir, de léguer
à leurs successeurs un *excédent de recettes* de . . . . 98 millions

Dans les deux milliards 680 millions de dépenses, étaient compris 150 millions de réserve destinés à l'amortissement de la dette publique. Cette réserve a disparu dans le déficit opportuniste.

Le budget de 1876, c'est le budget normal. Voyons maintenant les autres budgets de la gestion opportuno-républicaine :

Budget de 1877,	dépenses inscrites,	2	milliards	732	millions ;
—	de 1878,	—	3	»	108	»
—	de 1879,	—	3	»	154	»
—	de 1880,	—	3	»	306	»
—	de 1881,	—	3	»	582	»
—	de 1882,	—	3	»	686	»
—	de 1883,	—	3	»	715	»
—	de 1884,	—	3	»	539	»
—	de 1885,	—	3	»	467	»
—	de 1886,	—	3	»	293	»
—	de 1887,	—	3	»	261	»
—	de 1888, (1)	—	3	»	220	»

Total des dépenses . . . . .   40 milliards 063 millions

Si, de ces dépenses, on déduit les recettes normales correspondant à tous ces budgets, soit . .   35 milliards 254 millions

on trouve, pour douze années, un déficit de . . . .   4 milliards 809 millions

soit une moyenne de **quatre cent millions sept cent cinquante mille francs** par an.

En voici le détail :

(1) Dernier budjet réglé législativement.

Déficit de 1878	257 millions;
— de 1879	309 —
— de 1880	415 —
— de 1881	675 —
— de 1882	770 —
— de 1883	753 —
— de 1884	507 —
— de 1885	410 —
— de 1886	354 —
— de 1887	293 —
— de 1888	113 —

Total   4 milliards 856 millions.

à déduire :

Excédent de
recette de 1877   47 millions.

Déficit net (1)   4 milliards 809 millions.

(1) Voici les causes des déficits pour les premières années de la gestion opportuno-républicaine :

1878. Opération du rachat des lignes de chemins de fer secondaires.

1879. Augmentation des pensions civiles et militaires. Création du ministère des postes. Commencement des constructions scolaires et des travaux publics exagérés.

1880. Les travaux et les constructions se développent sans plan, sans règle, au gré des convoitises.

1881. Nouvelle augmentation des pensions civiles. Création des ministères de l'agriculture et du commerce. Accroissement du nombre des employés et élévation de leur traitement. Laïcisation des écoles. Politique coloniale. Travaux publics et constructions scolaires.

1882, 1883 et 1884. Mêmes causes qu'en 1881.

Il faut reconnaître, néanmoins, que les dépenses ordinaires des budgets de 1885, de 1886, de 1887 et de 1888 ont été successivement réduites par la Chambre; mais ces améliorations ne se sont pas maintenues dans les années suivantes.

— « Au cours de la législation actuelle, a dit M. Paul Doumer, député, (*Discours du 1er juillet* 1893) on a laissé les dépenses s'accroître avec trop de complaisance. » —

On a fait face à ce déficit au moyen de fonds d'emprunt (3 °/₀ amortissable et autres).

L'emprunt, c'est la règle ; et, lorsqu'ils ne veulent ou n'osent pas recourir directement au crédit public, nos maîtres s'adressent à la *Dette flottante du Trésor*, cette bonne mère nourrice des déficits, laquelle en prend discrètement soin jusqu'à ce qu'ils soient mûrs pour une consolidation totale ou partielle.

Une fois qu'un emprunt est consolidé, c'est-à-dire devenu non exigible, on est tranquille sur le capital et l'on peut recommencer. Rien n'est plus simple ; de sorte que, les minorités n'ayant pas voix au chapitre dans le contrôle de nos finances — contrôle si soigneusement exercé sous l'Empire — il faut forcément être de la « maison » pour savoir au juste quels sont les engagements de l'Etat envers la dette flottante.

En matière d'emprunts, la république parlementaire brûle les étapes. Ainsi, de la Restauration à la fin de l'Empire, **en 55 ans**, on a emprunté 6 milliards 700 millions ; **en 12 ans** seulement, nos maîtres opportunistes ont grevé les budgets, partant la dette nationale, de 5 milliards pour des dépenses dites extraordinaires.

Quant aux budgets de 1889, 1890, 1891 et 1892, non encore législativement réglés, et au budget de 1893 en cours, il n'y a pas d'exagération à les porter en dépenses, environ, à 3 milliards 500 millions chacun, avec des ressources normales correspondantes, qu'on annonce bien inférieures à ce chiffre.

A combien s'élèvera le déficit pour ces cinq exercices, malgré l'emprunt de 869 millions de 1891 ? C'est là un point que nous renonçons à éclaircir, ne voulant rien livrer au hasard. Cependant, à en croire les cris d'alarme jetés par la presse en général à propos du budget de 1894, lequel accuserait un déficit important, il est presque certain qu'à bref délai, il va falloir rouvrir le Grand-Livre de notre dette. (1)

(1) ... Je l'ai dit déjà et je demande la permission de le répéter ; *nous dépensons trop* ! Toutes les dépenses qui ont été faites jusqu'ici, pour les causes que vous

Oyez plutôt ce qu'en dit l'éminent économiste M. Leroy Beaulieu :
« De la façon dont on conduit nos finances, écrit-il dans le journal
des *Débats,* avec les déficits réels auxquels nous marchons, de
200 à 300 millions par an, il faudra contracter régulièrement, tous
les trois ou quatre ans, un emprunt **d'un milliard.** Aussi bien, ce
sera peut-être le moyen d'instruire, sinon la Chambre, du moins
le pays. »

Ces paroles signifient que nous sommes menacés pour 1894
d'un emprunt d'un milliard au moins. Du coup, nous aurons un
budget de quatre milliards, et un milliard de plus à la dette qui
sera alors de

36 milliards 409 millons.

Mais revenons aux budgets, dont nous donnons les chiffres
sous une autre forme afin de les rendre plus palpables.

La moyenne par jour des dépenses générales de l'Etat était :

En 1869 (Empire)		de	5.147.945 fr.
En 1871 (République)		de	8.345.205 fr.
En 1872 (Gestion conservatrice)		de	7.063.013 fr.
En 1873	d°	de	7.463.013 fr.
En 1874	d°	de	7.073.972 fr.
En 1875	d°	de	7.194.520 fr.
En 1876	d°	de	7.342.465 fr.

(Tous frais de guerre et de la Commune payés).

savez, étaient entièrement justifiées ; mais maintenant que l'œuvre est accomplic,
il importe de ne pas se laisser entraîner par l'usage ; car, en s'engageant dans la
voie où quelques uns voudraient nous conduire, on se trouverait bientôt dana
l'obligation d'imposer au pays de nouvelles charges et, par conséquent, d'avoir
recours à l'emprunt et à l'augmentation de la dette. »

Discours de M. Antonin Dubost, rapporteur du budget de 1894. — Séance du
1ᵉʳ juillet 1893.

En 1877 (Gestion opportuniste)		de	7.484.904 fr.
En 1878	d°	de	8.515.068 fr.
En 1879	d°	de	8.641.095 fr.
En 1880	d°	de	9.057.534 fr.
En 1881	d°	de	9.813.698 fr.
En 1882	d°	de	10.098.630 fr.
En 1883	d°	de	10.178.082 fr.
En 1884	d°	de	9.695.890 fr.
En 1885	d°	de	9.498.630 fr.
En 1886	d°	de	9.021,917 fr.
En 1887	d°	de	8.934.246 fr.
En 1888	d°	de	8.821.917 fr.

Pour un budget de 3 milliards et demi

la moyenne est de 9.589.041 fr.

Pour un budget de 4 milliards, de 10.958.904 fr.

La France dépense actuellement sur son budget 9 millions 500 mille francs par jour environ.

De 1877 à 1892, la moyenne des dépenses
par jour était de . . . . 9 millions 180.000 fr.
L'Empire ne dépensait que . . . . . 5 millions 147.000 fr.

d'où une augmentation de . . . . . . 4 millions 033.000 fr.

Quatre millions de plus par jour que ne dépensait l'Empire, et cela pour entretenir un régime de coterie, de haine et de persécution, c'est véritablement trop cher !

A-t-on assez leurré le peuple avec cet argument ridicule « que la République est le gouvernement le moins cher parce qu'il n'a pas de liste civile. »

La liste civile ne coûtait au pays que 26 millions 500 mille francs par an, et cette somme profitait pour une large part aux œuvres charitables ou similaires. La cassette de l'Empereur était même ouverte aux républicains, et ouverte largement.

Nous n'avons plus la liste civile, c'est entendu ; mais la troisième république nous coûte par an, sans compter le déficit à l'état permanent, *deux milliards* de plus que l'Empire, avec le bien être en moins et la misère en plus. (1)

Ceci dit pour être juste, continuons.

Le budget de la France fait la boule de neige. On n'y voit présentement aucune amélioration. La comparaison suivante en est la meilleure preuve.

______

(1). Il y a des républicains, — pas des républicains opportunistes, — qui savent êtres justes, même envers leurs adversaires. L'un d'eux, le regretté Amagat, avait la loyauté de dire, en 1887 : « C'est une justice à rendre à l'Empire, que non seulement ses finances étaient debout, mais qu'elles étaient solides... L'Empire eut des financiers éminents. Il me suffit de citer M. Magne dont les budgets sont des modèles que je recommande à M, le Président du Conseil... Nous étions arrivés, à la fin de l'Empire, à un degré inouï de richesse, etc... »

(*André Raibaud. — Quinze ans d'opportunisme*)

	Gestion opportuniste		
	Budget de 1877		**Budget de 1894**
	Dépenses faites		*Crédits demandés*
Ministère des finances :			
Dette publique et Dotations . . .	1.189.022.907	77	1.297.646.834 »
Service général	22.987.846	45	19.470.860 »
Frais de régie, etc	164.921.940	39	185.515.545 »
Remboursements et restitutions . .	18.259.765	47	34.776.000 »
Ministère de la Justice. . . .	35.372.286	84	35.011.100 »
Ministère des affaires étrangères	12.781.652	72	16.384.800 »
Ministère de l'intérieur . . .	68.832.177	09	73.526.130 »
Ministère de la guerre. . . .	540.127.153	21	633.653.091 »
Dépenses ordinaires 583.563.803			
Dépenses extraordin^{res} 50.089.288			
Ministère de la marine. . . .	161.832.608	57	267.071.528 »
Ministère de l'Instruction publique :			
Instruction publique.	48.057.580	44	190.091.055 »
Beaux-arts. . , ...	7.742.628	81	8.119.145 »
Cultes	53.133.200	89	44.224.040 »
Ministère du Commerce :			
Commerce et industrie et agriculture (1)	31.911.847	78	65.641.523 »
Postes et télégraphes	90.123.619	86	156.986.213 »
Téléphones.	»	»	9.887.357 »
Colonies.	30.858.305	04	73.803.355 »
Ministère des Travaux publics	229.998.536	17	256.155.264 »
Dépenses ordinaires 80.809.914			
Dépenses extraordinai^{res} 175.335.350			
France	2.705.964.057	50	3.367.963.840 »
Algérie	26.209.755	59	70.288.129 »
Total	2.732.173.813	09	3.438.251.969 »
à ajouter :			
Dépenses de reconstitution militaire portées au 2e compte de liquidation, exercice 1877 *(couvertes avec des fonds d'emprunt)* . . .	292.900.628	86	» »
Total général	3.025.074.441	95	3.438.251.969 »

(1) En 1877, c'était ministère de l'A-
griculture et du Commerce.
Pour 1894 : ministère du
Commerce 23.428.963
Ministère de l'Agriculture   42.212.560
     Ensemble   65.641.523 f.

Pour l'exercice 1877, les dépenses faites
sont de . . . .   3.025.074.441 fr. 95
Pour l'exercice 1894, les crédits demandés
au Parlement s'élèvent à . . . .   3.438.251.969 fr. »»

ce qui fait ressortir, par rapport au prochain
budget, une différence en plus de . . .   413.177.527 fr. 05

sans compter les inévitables crédits supplé-
mentaires.

Un simple coup d'œil jeté sur le tableau qui précède, fera connaître
d'où proviennent les augmentations. (1)

---

(1) « Messieurs, jusqu'ici je n'ai parlé que de l'augmentation des dépenses que
j'appellerai budgétaires, c'est-à-dire qui sont inscrites au budget ordinaire : mais
il en est d'autres que j'appellerai extra-budgétaires parce qu'elles ne peuvent
trouver place dans le budget et qu'elles sont forcément imputées sur la dette
flottante. Ces dépenses résultent toutes du budget des conventions.

M. le rapporteur a fait un éloge discret des conventions ; il nous a dit notamment
que ce qui avait nécessité le vote des conventions, c'était l'obligation de supprimer
le budget des travaux publics qui s'élevait en 1883 à la somme très respectable de
457 millions.

Eh bien ! Messieurs, aujourd'hui ce budget extraordinaire des travaux publics
revit sous une autre forme, et il s'élève déjà au chiffre de 283 millions. »

Ici l'orateur explique comment s'établit le budget des conventions, et en porte le
chiffre total à 392.916.110 francs.

« Vous me direz que ces sommes peuvent ne pas être portées au compte du
budget extraordinaire ou de la dette flottante; cela est vrai, parce qu'on en a
incorporé une certaine partie au budget ordinaire : l'année dernière, 100.700.000
francs : cette année 9 millions; ce qui fait 109 millions. Si nous retranchons cette
somme des 392 millions, il reste encore 283.216.110 francs, qui doivent être
portés forcément au compte du budget extraordinaire des travaux publics.

Ce budget des conventions, c'est l'enfant terrible du budget ; on veut en vain le
mettre à la raison, il a déjà fait beaucoup de dettes à sa famille, et il se propose
de lui en faire encore bien d'autres ; on veut l'incorporer, mais il ressort à chaque
instant sous toutes les formes, et au train dont nous marchons, il est très probable
que l'année prochaine il aura atteint le même chiffre qu'en 1883. Ce qui revient
à dire que l'opération des conventions n'aura pas été aussi avantageuse que
certains veulent bien le dire; car c'est en réalité un emprunt détourné et à gros

Les budgets des départements et des communes dépassent **un milliard.**

Ces budgets sont alimentés, en dehors des ressources particulières propres aux communes, par des centimes additionnels aux contributions directes ; ces centimes, dits *spéciaux*, ainsi que les revenus éventuels des départements, sont centralisés par l'Etat. Des crédits sont alloués sur ces ressources, et, sur ces dernières, il est délivré, par les Ministres compétents, des ordonnances de paiement ou de délégation au profit des départements et, subsidiairement, des communes. Le tout forme un budget désigné dans la comptabilité publique sous la rubrique : *Budget sur ressources spéciales.*

Les crédits non employés à la clôture d'un exercice, sont transportés, avec la même affectation, dans l'exercice suivant.

En ce qui concerne les recettes, les sommes restées libres à la fin d'un exercice, sont reportées sur l'exercice qui suit.

Cette explication a son utilité, afin de mieux faire comprendre pourquoi, au règlement final d'un budget spécial, les recettes sont toujours égales aux dépenses.

Ceci dit, rapprochons deux budgets de cette nature : -

En 1869 (Empire) les recettes égales aux dépenses étaient de . . . . 308.155.000 fr. »»

En 1888 (Gestion opportuniste) elles sont de 472.774.000 fr. »»

Augmentation   164.619.000 fr. »»

(Cent soixante-quatre millions six cent dix-neuf mille francs).

C'est, pour une période de 19 ans, une moyenne annuelle de 8 millions 664 mille 157 francs de charges provenant, en majeure parties, de centimes additionnels.

intérêts, qu'il ne nous appartient pas d'effacer de nos budgets, parce que c'est une dette résultant d'engagements et de lois antérieures que la Chambre doit subir passivement. et qu'on ne peut espérer en diminuer les charges par aucune conversion. »

(*Discours de M. Jean Codet à la Chambre des députés. — Séance du 30 juin* 1893).

Il n'est pas téméraire de penser que les autres budgets sur ressources spéciales, postérieurs à celui de l'exercice 1888 — le dernier réglé définitivement — dépasseront largement la proportion qui vient d'être donnée à l'instant.

Il n'y a d'ailleurs, pour arrêter son opinion, qu'à lire au *Journal Officiel* les demandes d'emprunt qui se succèdent à la tribune de nos représentants.

En résumé, pour l'Etat comme pour les départements et les communes, c'est une profusion de centimes additionnels dont le peuple ne pourra bientôt plus supporter le poids. Les forces contributives, comme les forces humaines, ont des bornes ; mais les opportunistes, gras ou maigres, n'ont cure de l'intérêt général.

Heureusement, et c'est à leur louange, quelques députés courageux ont fait entendre, dans les dernières séances de la Chambre, des paroles réconfortantes dont les contribuables leur sauront gré, car elles ont laissé entrevoir qu'on était enfin décidé à arrêter tous ces débordements de dépenses et le flot toujours grossissant des impôts.

— « Si notre tâche dans le budget de 1894, dit l'honorable M. Paul Doumer, ne peut qu'être modeste, c'est vers le pays, à qui la parole va être bientôt rendue, qu'il faut se tourner ; c'est lui qui va décider de **l'avenir financier**, et nous ne pouvons que le convier à donner à ses représentants le mandat de faire, dans la Chambre prochaine, avec un budget véritablement et sincèrement équilibré, avec un budget d'économies, des réformes complètes, radicales, dans la répartition même de nos impôts. »

Commenter un pareil langage serait l'affaiblir.

Le pays traverse une crise épouvantable ; la désolation est dans nos campagnes ; les capitaux sont inertes et leur rente diminue de plus en plus ; le travail se ralentit partout ; le peuple enfin est malheureux.

C'est aux petits, aux humbles, c'est à tous ceux qui peinent, qui ont souffert pour la cause du peuple (1), qui ont souci des intérêts bien entendus de leur famille, que nous dédions ces lignes.

Ils jugeront de quelle façon désastreuse sont menées leurs affaires et celles de la Patrie.

Eux seuls peuvent donner une solution à la crise dont nous souffrons, non par la violence qu'il faut absolument répudier et qui d'ailleurs ne profite jamais qu'aux meneurs, mais par les moyens légaux et pacifiques.

Le parlementarisme n'a rien produit, parce qu'il ne peut rien produire. Il absorbe tous les pouvoirs, il est le véritable maître au grand détriment des intérêts généraux.

Le rôle des Assemblées est de discuter, de juger, et non de gouverner.

« Où peuvent être l'ordre et la règle, disait tout récemment l'honorable M. Déroulède, quand le désordre et l'incohérence sont la base même du gouvernement? Quoi d'étonnant à ce que les députés se croient les préfets des préfets, les ministres des ministres, et les présidents du Président? Ne sont-ils pas et ne peuvent-ils pas tout, en fait comme en droit? »

Quant à l'opportunisme, allié du parlementarisme, ce n'est pas, on le sait, une opinion, encore moins un principe : c'est un appétit, un appétit féroce, qui n'est jamais assouvi.

Par leurs votes, les vrais démocrates devront changer tout cela, et ils auront bien mérité de la Patrie.

Le programme qui s'impose à leurs méditations est bien simple :

Révision de la Constitution ;

Le Referendum ;

Election du chef de l'Etat par le suffrage universel.

---

(1) « . . . . La République, c'est nous qui la représentons. La démocratie, c'est vous tous qui souffrez tous les jours pour le peuple dans vos intérêts, et qui avez sacrifié vos situations, votre fortune, votre carrière pour défendre *les droits de la Nation.* »

(*Discours de M. le Baron Jules Legoux au banquet plébiscitaire du 15 août* 1892).

C'est véritablement un programme d'union et de concorde, on ne saurait le nier.

« Le plébiscite, disait **Gambetta** en 1870, est une sanction dé-
·« sormais nécessaire dans les sociétés qui reposent sur le droit
« démocratique, pour donner au pouvoir la sanction que les an-
« ciennes monarchies trouvaient dans le droit divin. »

C'est ainsi que le **Premier Consul** soumit à la ratification du Peuple la Constitution de l'**An VIII** qui l'investissait du pouvoir suprême.

Dès lors, le principe de l'Appel au peuple était définitivement posé comme l'une des bases du droit public des Français ; et son application impérieusement obligatoire à la Constitution de l'An X et au Sénatus-Consulte de l'An XII, n'était plus désormais que l'exercice d'un droit régulier, comme on l'a vu en 1848, en 1851, en 1852 et en 1870.

Gambetta lui-même est volontairement tombé du pouvoir sur la question du scrutin de liste qui, dans sa pensée, n'était qu'un premier pas à faire vers l'application du plébiscite, non encore possible en 1882, étant données les mœurs politiques du moment.

La France est essentiellement démocratique ; elle appartient au travail, au commerce, à l'industrie. Nous la voulons tous heureuse, prospère et forte ; c'est pourquoi il faut résolument aviser.

Notre pays a soif de la vraie liberté, de celle de 89, fondée sur l'égalité et la démocratie.

« Sans la démocratie, disait il y a quelque trente ans un des *cinq* au Corps législatif de l'Empire, la liberté n'est qu'un privilège pour quelques uns ; sans la liberté, la démocratie n'est qu'une oppression pour tous. »

Une république, couronnée ou non, n'effraie plus personne, pourvu qu'elle soit honnête et franchement libérale.

L'opportunisme, c'est l'ennemi, c'est la ruine.

La république plébiscitaire, c'est le salut.

9 782014 064827